© 2024 Alexandra Thoese

Coverbild: Maika von Wolfframsdorff
Zeichnungen: Eva-Maria Thoese

ISBN Softcover: 978-3-384-41257-7
ISBN Hardcover: 978-3-384-41258-4

Druck und Distribution im Auftrag der Autorin:
tredition GmbH, Heinz-Beusen-Stieg 5, 22926 Ahrensburg,
Deutschland

Alexandra Thoese

Seelenpoesie ✳5

Sanft ins eigene Herz sinken

Stille lässt uns fühlend sein.

Alexandra Thoese

Inhalt

Vorwort
von Jumana Mattukat

Liebe Leserin, lieber Leser dieser Seelenpoesie, Du befindest Dich im Vor-wort, im Raum vor dem Wort, in dem ich Dich von Herzen willkommen heiße.

Mein Name ist Jumana und ich habe die Ehre, hier ein paar Worte zu »verlieren«.

»Am Anfang war das Wort« – so heißt es. Aber was war eigentlich vor dem Wort? Bevor die Menschheit die Sprache entdeckte? Im Raum vor den Worten? Ich stelle mir vor, wie die Menschen auf andere Weise miteinander in Verbindung traten. Wie sie ohne Worte mit Gesten, Mimik und Lauten sich selbst zum Ausdruck brachten. Vor dem Wort muss es also schon ganz klar eines zwischen den Menschen gegeben haben: Verbindung.

Nicht ohne Grund beleuchte ich hier die Bedeutung des Vor-Wortes und tauche mit Dir in diesem Raum vor dem Wort an seine Wurzel. Denn das ist es, was Alexandra mit ihrer Poesie tut. Über ihre Worte bringt sie sich selbst und ihre Seele zum Ausdruck. Bevor sie dies tut, vor dem Wort, tritt sie in Verbindung. Sie reist durch ihre reiche Innenwelt, nimmt Kontakt zu dem großen Schatz ihrer Gefühlswelt auf, taucht dabei tief bis an die Wurzel der Worte und damit an den eigentlichen Wesenskern, an den Ursprung des Seins.

Dann erst taucht sie wieder auf, bringt die einzelnen Entdeckungen und Schätze mit an die Oberfläche, spielt mit ihnen, orchestriert sie und setzt sie freudvoll und mit Hingabe zusammen. Dabei fühlt sie nach, ob auch ein jedes Wort an seinem Platz ist, lauscht ihnen noch einmal, um zu wissen, ob sie alle Worte so arrangiert hat, wie es wahrhaftig vom Leben gemeint war, und bringt sie damit so in Verbindung, dass sie gemeinsam ihre Wirkung entfalten können.

Alexandras Kunst ist die Fähigkeit, tief ins Innere zu tauchen, sich mutig durch alle

Gefühle hindurchzubewegen, sich den
Schatten zu stellen bis sie zur Essenz vor-
gedrungen ist, die Schätze zu erkennen, sie
zu heben und sie schließlich allen, und hier
jetzt Dir, zur Verfügung zu stellen.

Wenn Du bereit bist, Alexandras Poesie
nicht einfach nur zu lesen, sondern Dich
für eine Reise öffnest, dann nehmen ihre
Worte Dich mit in den Raum, in dem sie
entstanden sind. Dann ist es möglich, Dich
von ihnen tief berühren und erinnern zu
lassen.

Diese Berührung und Erinnerung durfte
ich viele Male in mir selbst spüren und
ebenso oft beobachten, wie sie in anderen
geschieht. Zum Beispiel in dem Kreis von
Frauen, zu dem Alexandra und ich einmal
jährlich an meinem Wohn-und Wirkort im
Wald einladen. Wenn Alexandra eines ihrer
Seelengedichte mit ihrer sanft-starken
Stimme in den Raum hineinträgt, dann

berührt ihr inneres Erleben der äußeren Welt das Innenleben, das Herz und die Seele der anderen. Der Raum zwischen Sprecherin und Lauscherinnen füllt sich mit reiner Liebe. Ein Freudenfest!

Worte »verlieren«, was für ein lustiger Ausdruck. Nach meinen Zeilen habe ich so gar nicht das Gefühl, Worte verloren zu haben, sondern viel mehr, Worte gewonnen zu haben. Worte, die mich in Verbindung mit Alexandra gebracht haben, mit der mich neben der Freude am Schreiben so viel mehr verbindet.

Worte, die mich auch mit Dir, liebe Leserin, lieber Leser in Verbindung gebracht haben, in dem Raum VOR Alexandras WORTen.

Viel Freude beim Lesen!

Deine Jumana

Atemtherapeutin, Counselor, Autorin,
Betreiberin eines Seminarortes im Wald
www.jumanamattukat.de und www.steigerhaus.jetzt

Fenster der Seele

In Verbindung mit mir
spüre ich die Lebendigkeit meiner Seele.
Sie jubelt, sie staunt, sie lacht.

Für sie ist alles kostbar.
Sie unterscheidet nicht.
Sie urteilt nicht.
Sie ist einfach.

Sie schaut aus meinen Augen.
Neugierig. Weit. Empfangend.

Sie gibt sich hin.
Sie will erfahren.
Sie will fühlen.
Sie will sehen
Sie will forschen.
Sie will, was Leben bietet.

Meine Augen
sind ihre Fenster in diese Welt.

Spuren

Lass dich nicht abhalten.
Folge deiner Spur.
Nimm dich an die Hand.
Finde heim.
Kehre ein.
In dir.

Du bist willkommen,
gehalten und geliebt
in dieser Welt.
In deinem Leben.

Folge deiner Seelenlust.
Sie führt dich heim.
Zu dir.

In diesem Moment

In diesem Moment
mich von allem lösen,
was zieht.

In diesem Moment
das Morgen verlassen
und ins Jetzt finden.

In diesem Moment
einatmend zu mir kommen.
In diesem Moment
innehalten.

In diesem Moment
meiner Seele lauschen.

In diesem Moment
mich mir vollständig
zuwenden.

Mich anschauen.
Mich umarmen.
Mich lieben.

In diesem Moment.

Lebensfeier

Du bist hier,
um deinem göttlichen Kern
Ausdruck zu verleihen.

Es ist nicht immer klar und leicht,
doch du kannst darauf vertrauen,
dass deine Seele dich lenkt.

Du bist hier,
um Erfahrungen zu machen.
Es ist nicht immer schön und
oft auch schmerzhaft,
doch du kannst wählen zu vergeben.
Dir und den Anderen.

Du bist hier,
um dein Leben zu tanzen
und mit deinem Funkeln
den Himmel auf die Erde zu bringen.

Es ist nicht immer hell und ungetrübt,
doch du kannst wählen ein Stern
in der Dunkelheit zu sein.

Du bist hier,
um zu leben, zu wachsen, zu lernen,
zu erfahren, zu fühlen, zu sehen,
zu schmecken, zu lauschen,
zu riechen, zu berühren,
zu umarmen, zu lachen,
zu weinen, zu laufen, zu hüpfen,
zu staunen, zu jammern, zu feiern.

Zu feiern,
dass du JETZT hier bist.

Du bist hier.
Welch ein Segen.

Wandlung

Ich wandle
von innen nach außen.
Lausche den Stimmen
in meinem Innen.

Spüre mir nach.
Sehe mich in Liebe.

Erforsche mich.
Erfahre mich.
Erkenne mich.
Umsorge mich.

Lasse mir Zeit.
Fühle mich.
Folge mir.

Meiner Freude.
Meiner Neugier.
Meinem Kindlich-Ich.
Meinem Wesen.
Meinem Licht.

Ich erblühe
von innen nach außen.

Langsam.
Behutsam.

Pur. Ich.

Worte

Worte in Büchern
sind wie Kleider im Schrank.
Öffnen wir diesen Raum
entfaltet sich Vielfalt,
Farbigkeit, Fühlfalt, Tiefe.

Wir wählen
Kleidung, die uns umhüllt.
Die uns behütet.
Uns bekräftigt.
Uns schützt.

Wir wählen
Worte, die uns tragen.
Die uns beflügeln.
Uns erinnern.
Uns ermutigen.

Wir wählen Leben.

Leben
bewegt,
umarmt,
trägt,
erhellt,

flüstert,
erinnert,
wirbelt,
transformiert,
tanzt,
erfährt,
spielt.

Leben ist bunt.
Wir mittendrin.

Sommer

Satt und warm
rieselt der Sommer
in mein Herz.

Er dehnt sich,
räkelt sich,
durchflutet mich.

Jede Pore
meines Seins
öffnet sich
und lässt Fülle hinein.

Mein Atem
fließt tief ein und aus.

Der Duft eines warmen
Sommernachmittags
erfüllt meine Seele.

In diesem Moment
ist alles vollkommen.

Barfuss

morgens
still
ein paar Schritte
durch das feuchte Gras
mein Atem fließt
ein und aus
flutet Innenräume
umarmt die Nebel der Nacht

meine Füße wurzeln
mein Körper dehnt sich
mein Blick wandert zum Himmel
wolkenweich
berührt
gehalten

barfuss
wandere ich
durch mein Leben
barfuss
begegne ich dir
barfuss
entsteht ein Tanz
zwischen uns

behutsam und zart
barfuss gehen wir weiter

gemeinsam
doch jede für sich

Kleine Erde

Kleine Erde,
behütet
in meiner Mitte,
pulsierst
du lebendig
und warm.

Hütest
altes Wissen,
Magie
und Schöpferkraft.
Bist verwurzelt
mit der großen Mutter,
die alles Leben trägt.

Ihr Herzschlag
pulst in meinem Blut.
Ihr Atem nährt
meinen Kosmos.
Ihr Feuer lodert
in meinem Schoß.
Ihre Berührung
bewegt mich.

Kleine Erde,
du trägst
Erinnerungen.
Würdigst jene,
die vor uns waren.

Hütest Leben, Träume,
Empfindungen und Wunder.
Du dehnst meinen Raum.
Empfängst Mondmagie.
Bist Wandel-und Wurzelkraft.

Kleine Erde,
Verbündete
der großen Mutter:
Liebevoll
singe ich
mein Lied
für dich.

Getragen

Ich lege mich hin.
Lass mich tragen.
Lasse los.
Fühle. Atme. Bin.
Verbunden
mit der großen Mutter.

Bin im Innen.

Liege. Lausche.
Zart zeigt sich
das Licht.
Scheint in meinen Raum.
Erinnert mich.
Wärmt mich.
Behütet mich.
Leitet mich.

Bin zuhause in mir.

Rückzug

Ziehe dich zurück.
Fahre deine Sinne ein.
Steige hinab in deine Tiefe.
Stufe für Stufe.
Behutsam. Liebevoll. Zart.

Führe dich in den stillen Raum.
Halte ein. Halte inne.

Nimm dich zurück zu dir.
Nimm dich wahr.
Nimm dir Zeit.

Lausche.
Staune.
Fühle.

Sei.
Mit dir.
Im Rückzug.

Nacht

Wenn die Nacht
sich liebevoll
um deine Schultern legt,
atme Liebes, atme.

Atme hinein
in den Kummer,
atme hinein
in den Schmerz,
atme hinein,
in das, was dir
den Atem raubt.

Sei damit.
Sei mit dir.
Weiche nicht
von deiner Seite.
Bleibe. Fühle. Weine.

Wenn die Nacht
dir Einsamkeit flüstert,
bleibe Liebes.
Bleibe bei dir.

Sei mit dem Schmerz.
Sei mit der Traurigkeit.
Sei mit dir.
Umarme dich.
Fühle dich.
Weine um dich.

Deine Tränen sind Gold.
Aus Gold formt sich
ein neues Gewand.

Es webt Erinnerungen,
Träume und Hoffnungen
zu einem leuchtenden Kleid
deiner Seele.

Wenn die Nacht
dich ruft,
schaue in den Himmel.
Bleibe still bei dir.
Lege deine Hände
auf dein Herz.

Atme Liebes.
Erinnere dich.

Seelenhaus

Ich kehre ein
in das Haus meiner Seele.
Fein und leise
spüre ich hinein.

Behutsam gehe ich
Schritt für Schritt.
Halte inne und lausche.
Nehme mir Zeit.
Horche. Atme. Spüre.
Bin mit mir
in meinem Raum.

Schaue liebevoll
in Ecken und Nischen.
Fühle der Dunkelheit nach.
Schicke mein Licht hinein.
Strecke meine Hand aus
und berühre alten Kummer.

Fühle: Ich bin da.
Für mich. Mit mir.
Zärtlich nehme ich
mich in den Arm.

Tanze langsam und sinnlich.
Beruhige mich.
Wiege mich.
Lächle mir weise zu.
Flüstere sanft.

Es ist gut.
Ich bin bei mir.
Ich bin für mich da.

Mein Raum dehnt sich.
Liebevoll berühre ich mich.
Sanft und vorsichtig.
Ein Seufzen löst sich.
Endlich daheim.

Angekommen in mir.

Innehalten

Halte inne Geliebte.
Bleibe liegen.
Bleibe stehen.
Bleibe still.
Bleibe bei dir.

Halte inne.
Schließe deine Augen.
Atme. Fühle. Sei.
Sei bei dir.
Lege deine Hände
auf dein Herz.
Spüre dich.

Dein Herz kennt keine Zeit.
Es schlägt für dich.
Takt um Takt.
Es tanzt für dich.
Es erinnert dich an dich.

Horche in dich hinein.
Nimm dich wahr.
Lausche dir.
Sei behutsam und liebevoll.

Wiege dich.
Achte dich.
Halte dich.
Nimm dir Zeit Liebes.

Halte inne.
Dein Leben ist jetzt.
Zünde dir eine Kerze an.
Sei mit dir.

Du hälst inne.
Du erinnerst dich:
Alles ist gut.

Wünsche

Ich wünsche dir ein weites Herz,
für all das, was in der Welt
gerade geschieht.

Ich wünsche dir Hoffnung
für die Momente, in denen
dein Herz kurz innehält.

Ich wünsche dir Frieden
für dein Herz und deinen Weg.

Ich wünsche dir Liebe
für alle Wesen auf und um Mutter Erde.

Ich wünsche dir Güte
für die wunden Stellen in dir,
die sich Aufmerksamkeit wünschen.

Ich wünsche dir Vertrauen
für all das, was durch dich
in dieser Welt wachsen mag.

Ich wünsche dir Geduld
für die Momente in denen
dein Kopf die Herrschaft übernimmt.

Ich wünsche dir Gnade
für die Augenblicke, in denen
du dich oder andere verurteilst.

Ich wünsche dir,
dass du gut bei und mit dir sein kannst.
Wo auch immer du gerade bist.

Hoffnung

Sie leuchtet uns
in der dunklen Nacht.
Sie umarmt Kummer
und Schmerz.
Sie bettet unser Herz
in ein warmes Nest.
Sie hütet und bewahrt
den Glauben an Ursprung.
Sie erinnert uns
an die Quelle,
aus der wir stammen.
Sie wärmt uns von
Innen heraus.
Sie ist uns Motor
für unser Leben.
Sie strahlt für uns.

Die Hoffnung zeigt uns:
wir sind nicht allein.
Trotz aller Widrigkeiten
und Widersprüche,
erinnert sie uns daran,
dass hinter den Wolken
die Sonne immer scheint.

Behutsam und fein
pulsiert sie in jeder Zelle
unseres Seins.

Es gibt Zeiten,
da wir sie vergessen.

Im Miteinander
erinnern wir uns.
Eine Umarmung.
Ein AugenBLICK.
Eine Hand, die hält.
Ein Wort.
Eine Geste.

Hoffnung ist der Moment,
der uns Halt schenkt.

Wir halten einander.
Wir glauben.
Wir lieben.
Wir segnen.
Wir hoffen.

Wachstum

Wachsen ist das,
was einfach geschieht.

So einfach.
So natürlich.
So klar.
So wahr.

Schau dich um:
Du siehst es in der Natur.
Du siehst es an den Kindern.
Du siehst es an den Tieren.

Schau dich an:
Du siehst es an dir.
Wenn du nichts tust,
wachsen deine Haare
und deine Nägel einfach weiter.

Spüre in dich hinein:
Du wächst im Innen.
In deinem Tempo,
gleichzeitig unaufhaltsam.

Du wächst mit jedem Atemzug.
Unaufhörlich.
Fühlst du es?

Du richtest dich aus.
Folgst dem Licht in dir.
Es führt dich tiefer und tiefer zu dir.

Hab keine Angst
vor deiner wunderschönen Größe.
Hab keine Angst vor deinem Licht.
Hab keine Angst mehr.

Wachse zu dir.
Mit dir.

Es geschieht.

Die möchte ich sein

Ich möchte die sein,
die sich auch in schweren Zeiten
an deine Seite stellt.
Ich möchte die sein,
die deine Tränen sehen darf
und dich halten mag.
Ich möchte die sein,
die dir einen zarten Kuss
auf die Stirn haucht.
Ich möchte die sein,
die ihre Hand auf dein Herz legt
und deinen Raum atmet.
Ich möchte die sein,
die dir Mut zuflüstert,
wenn du es gerade brauchst.
Ich möchte die sein,
die dich erinnert,
wie wunderschön du bist.

Ich möchte die sein,
die trotz Hemmungen
ihrer Stimme vertraut.

Ich möchte die sein,
die wagt zu benennen,
was sie fühlt und wahrnimmt.
Ich möchte die sein,
die ihre Tränen weint
ohne sich zu schämen.
Ich möchte die sein,
die sich zeigt und dem Leben vertraut.
Ich möchte die sein,
die sich ihrer Flügel erinnert,
die die Welt umarmen.
Ich möchte die sein,
die Himmel und Erde verbindet.

Ich möchte die sein,
die mit dir lacht,
tanzt und das Leben feiert.

Ich möchte die sein,
die uns erinnert,
dass wir alle zusammengehören.

Die möchte ich sein.

Große Mutter

In deinen Armen
finde ich Ruhe.
Mein Verstand verstummt.
Mein Atem beruhigt sich.
Mein Körper entspannt.
Mein Herz wird weich.

Seufzend gebe ich mich hin.
Spüre deinen liebevollen Schoß.
Bin umhüllt von deinen
zärtlichen Armen.
Bin gehalten und genährt.

Du summst mein
Lied für mich.
Du erinnerst mich
an Ursprung und Geborgenheit.

Du hältst mich.
Du wiegst mich.

Sanft streichelst du
meinen Kopf.
Leise flüstert du mir
Worte der Liebe zu.

Seelenruhig sinke
ich in mich hinein.
Behütet finde ich
in deinen Armen Schlaf.
Bin verbunden und gehalten.
Bin beschützt und geliebt.

Große Mutter,
ich danke dir.

Neuland

Heute bin ich mutig.
Ich wähle Vertrauen
und gehe behutsam los.
Möge der Tag mich führen.
Möge ich stets
eine liebende Hand
in meinem Rücken spüren.
Möge das Leben mich leiten.

Heute bin ich im Frieden.
Ich schaue mit liebenden Blick
in die Welt und auf alle Geschöpfe,
die mir begegnen.
Ich bin eins mit Allem,
weil ich es wähle.
Weil ich es entscheide.

Heute bin ich berührt.
Mein Herz ist weit
und ich gebe mich hin.
Ich bin offen und
gleichzeitig behütet.
Ich bin im Einklang.
In dem EINEN Klang.

Heute bin ich einverstanden.
Mit allem, was in mir ist.
Ich bejahe alten Kummer
und auch den Schmerz.
Mein Herz umarmt mich
und wiegt mich tröstlich.
So bin ich gewollt und geliebt.
Mit allem.

Heute wähle ich Neuland.
Ich atme bewusst
einige Atemzüge
und dehne mich aus.

Ich sage JA und gehe los.
Schritt für Schritt.
Mein Tempo ist heilig
und zeigt sich beim Gehen.
Wenn ich eine Pause brauche,
halte ich inne.

In Neuland schöpfen wir
aus uns heraus.

Es ist ein bewusstes Tor,
welches wir durchschreiten.

Wir wählen in jedem Moment neu.
Wir erlauben uns alles.
Wir erkennen an,
dass wir Schöpferinnen sind.
Geschöpfe – geschöpft.

Unser Herz führt uns.
Weise und klar.
Achtsam und liebevoll.
Warm und freudig.

Kreation

Du und ich
sind Kreationen der Schöpfung.
Wir sind Ausdruck des Göttlichen.
Wir sind Ausdruck einer Ordnung.
Wir sind in Ordnung.
Immer.

Du und ich sind Kreaturen,
die die Welt mit allen Sinnen wahrnehmen
und mit allen Gefühlen erfahren.
Wir sind verkörperte Schöpferkraft.
Wir sind geschöpft
und wir sind Schöpferinnen.
Immer.

Du und ich sind kreativ.
Wir kreieren unsere Tage,
unser Leben, unsere Realität.
Wir haben viele Möglichkeiten
uns auszudrücken.
Wir haben unzählige Gelegenheiten
um uns zu verwirklichen.

Wir haben die Macht
und die Kraft,
die Welt zu bereichern
und zu gestalten.
Immer.

Wir sind Gestalten.
Wir gestalten.
Wir halten.

Der Raum der Kreation
ist der Raum in uns,
zwischen uns und um uns.

Wir halten Raum für Ausdruck,
Veränderung, Mutation
und Transformation.

Du und ich.
Hier und jetzt.

Trost

Sich trösten lassen,
sich dem Leben hingeben.
Sich Zeit nehmen,
sich der Lebendigkeit anvertrauen.
Sich wahrnehmen,
sich spüren und verbinden.

Trost finden.
In einem Wort.
In einer Umarmung.
In der Natur.
Im Himmelsblick.
Im Augenblick.
Im Tanz.
Im Herzen.
Im Glauben.

Trost finden.
In einer Welt, die sich schnell dreht.
Sich Zeit nehmen und
Geschehenes würdigen.
Sich selbst danken,
für mutiges Menschsein.

Sich selbst halten,
und fühlen: Es ist gut.
Es darf sein.

Leben bedeutet fühlen.
Leben schenkt Erfahrungen.
Leben liebt.

Öffne deine Arme.
Empfange Trost.
Du bist verbunden.
Du bist geliebt.
Immer.

Möglichkeiten

Wenn alles möglich ist,
dann bin ich frei.

Frei mein Leben so zu leben,
wie es mir entspricht.
Frei mich in jedem Augenblick
neu zu entscheiden.
Frei mich von allem zu lösen,
was mir nicht dient.
Frei mich umzuschauen
und den Moment zu genießen.
Frei zu tun,
was mir Freude bereitet.
Frei zu lieben,
wen oder was ich will.
Frei mein Tempo zu ändern
und auch mal stehen zu bleiben.
Frei die Liebe zu wählen,
statt Leid.
Frei zu wählen,
welchen Weg ich heute gehe.

Ich bin frei,
weil alles möglich ist.

Du bist hier

Du bist hier,
um deinem göttlichen Kern
Ausdruck zu verleihen.

Es ist nicht immer klar und leicht,
doch du kannst darauf vertrauen,
dass deine Seele dich lenkt.

Du bist hier,
um Erfahrungen zu machen.
Es ist nicht immer schön
und oft auch schmerzhaft,
doch du kannst wählen,
zu vergeben.
Dir und den Anderen.

Du bist hier,
um dein Leben zu tanzen
und mit deinem Funkeln
den Himmel auf die Erde zu bringen.
Es ist nicht immer hell
und ungetrübt,
doch du kannst wählen,
ein Stern in der Dunkelheit zu sein.

Du bist hier, um zu wachsen,
zu lernen, zu erfahren,
zu fühlen, zu sehen,
zu schmecken, zu lauschen,
zu riechen, zu berühren,
zu umarmen, zu lachen,
zu weinen, zu laufen,
zu hüpfen, zu staunen,
zu jammern, zu feiern,
zu sein.

Zu feiern,
dass du JETZT hier bist.

DU bist HIER.
Welch ein Segen.

Feuerherz

Ich brenne.
Es brennt in mir.
Es verbrennt Kummer.
Es verbrennt Sprachlosigkeit.
Es verbrennt Hilflosigkeit.
Es verbrennt Überforderung.

Ich verbrenne.
Feuer will gelebt werden.
Feuer ist lebendig.

Mein Herz ist Feuer.
Es will brennen.

Ich bin Feuerherz.
Ich brenne für Liebe.
Ich brenne für wahren Ausdruck.
Ich brenne für Freude.
Ich brenne für das Lichte
und das Wahre.
Ich verbrenne Lüge.
Ich verbrenne Kleinheit.
Ich verbrenne totes Unterholz.
Ich brenne.

Heiliges Feuer.
Heilige Wut.
Heiliges Leben.

Ich brenne.

Mein Feuer wärmt.
Mein Feuer berührt.
Mein Feuer reinigt.
Mein Feuer lodert im Herzen.

Ich brenne für mein Leben.

Sein

Was, wenn es darum geht,
dem Innen zu lauschen?
Was, wenn es darum geht,
die Stille auszudehnen?
Was, wenn es darum geht,
deinem Körper Ruhe zu schenken?
Was, wenn es darum geht,
dem Nichtwissen zuzulächeln?
Was, wenn es darum geht,
dem Wandel zu vertrauen?
Was, wenn es darum geht,
abzulegen, was drängt und zieht?
Was, wenn es darum geht,
sich aus Gedanken zurückzuziehen?
Was, wenn es darum geht,
dich selbst zu umarmen?
Was, wenn es darum geht,
einfach nur zu sein?

Was, wenn es einfach nur
um dich geht?

Jetzt
hier
in diesem Moment.

Einatmen.
Innehalten.
Ausatmen.
Sein.

Was kann sein,
wenn alles sein darf?

Erinnerung

Geliebte,
lausche deiner Seele.

Sei still.
Sei weich.
Sei offen.
Empfange.

Sei verbunden mit dir.
Sei zuhause in dir.
Sei liebevoll mit dir.

Die Suche endet.
Du bist Seele.
Seelig bist du.
Beseeltes Sein.

Du bist Gefäß.
Du bist Geliebte.
Du bist Gefährtin.
Du bist Seelenverbündete.
Du bist Schöpferin.

Du bist heil.
Heilig.
Heilsam.

Du bist Medizin.
Du bist Balsam.

Seelenbalsam.

Erinnere dich.

Kleines Glück

Mein kleines Glück.
Heute hast du mich überrascht.
Ahnungslos fuhr ich umher.
Plötzlich hörte ich dich.
Du ranntest freudig
auf mich zu.
Erst wusste ich nicht,
ob ich gemeint war.
Doch ich folgte meinem
Impuls und hielt an.

Eindringlich sprachst
du zu mir.
Deine Worte verstand
ich nicht, doch ich ahnte,
dass es wichtig war.
Feierlich überreichtest
du mir ein Blümchen.

Dein freudiges Lachen
lebt nun in meinem Herzen.

Ich dankte dir und
im selben Moment

pflücktest du
für dich selbst
ein Blümchen.
Mein Herz jubelte.
Mein Seele tanzte.

In diesem Augenblick,
erinnerte ich mich
an die pure Freude
und die sprudelnde Lebendigkeit.
Ich fühlte sie
in jeder Zelle
meines Seins.

Glücklich lachte ich zurück
und fuhr weiter.

Bild

Mach dir kein Bild von mir,
denn Farben oder Formen
vermögen nicht,
mich abzubilden.
Mach dir kein Bild von mir,
denn deine Erwartungen
spiegeln nicht mein Sein.
Mach dir kein Bild von mir,
denn Wandel ist unsichtbar.
Mach dir kein Bild von mir,
denn es ist vergänglich.
Mach dir kein Bild von mir,
denn es wird dich enttäuschen.

Mach dir ein Bild von mir,
indem du dich neugierig einlässt.
Mach dir ein Bild von mir,
indem du mit mir bist.
Mach dir ein Bild von mir,
indem du für einen Moment
in mein Sein schlüpfst.
Mach dir ein Bild von mir,
indem du durch
meine Augen schaust.

Mach dir ein Bild von mir,
indem du mich berührst.

Wähle achtsam,
wohin du blickst.
Wähle weise,
wie du die Welt
erfahren möchtest.
Wähle liebevoll,
was in deinem Herzen
wurzeln darf.

Bilder, die wir mit den Augen sehen,
sind vergänglich.
Bilder, die in unserem Herzen leben,
sind unendlich.

Mach dir ein Bild von mir.

Raum

Es gibt Räume
die liegen außerhalb der Zeit.
In ihnen gibt es nichts zu tun.
Still und liebevoll laden sie dich ein,
deiner Seele zu lauschen.
Mit jedem feinen Atemzug
schwingt sie sich sanft
in dein Herz hinein.

Hier kannst du ihn spüren,
den Herzschlag der großen Mutter.
Hier kannst du fühlen,
wie sehr du geliebt bist.
Hier kannst du der Stille
allen Seins lauschen.
Hier kannst du im Einklang sein
mit dem einen Klang.

Genüsslich atmest du ihn ein,
diesen Raum.
Behutsam dehnt er sich aus.
Sanft hüllt er dich ein.

Er erinnert dich:
Der Himmel auf Erden
liegt in dir.
Du schmiegst dich
liebevoll in dich.
Du nimmst dich an die Hand.
Du hältst dich.
Du flüsterst dir Worte
der Liebe zu.
Du bist dir Freundin,
Gefährtin und
Mutter zugleich.

Du erinnerst dich:
DU bist Himmel auf Erden.

Schattentanz

Behutsam
berührt sie den Schatten,
der nach Aufmerksamkeit ruft.

Liebevoll
streichelt sie sein Gewand,
welches den Schmerz umhüllt.

Sanft
flüstert sie Worte der Liebe,
die sich fein in seinen Raum weben.

Bewusst
atmet sie im Takt ihres Herzens,
bis Frieden einkehrt.

Fürsorglich
breitet sie ihre Arme aus
und gibt dem Schatten ein Heim.

Er darf sein.

Sie spürt Schmerz,
Kummer und Dunkelheit.

Sie bleibt.

Zärtlich
wiegt sie sich und den Schatten.

In ihrem Tanz vereint sich,
was getrennt schien.

Lebenstüren

Mit unserer Geburt
öffnet sich die Tür
zur Lebendigkeit.
Wir gleiten hindurch,
bereit um Erfahrungen
zu sammeln.
Unser Weg führt uns
zu weiteren Türen.
Manch eine steht offen,
andere sind verschlossen.

Es liegt an uns zu wählen,
wohin wir gehen.
Mit jeder Wahl,
zeigt sich uns eine unbekannte,
neue Welt.
Wir sind eingeladen,
zu forschen und zu fühlen.

Mit jeder Tür,
reisen wir ein Stück weiter.
Selbst Türen,
die verschlossen scheinen,
schenken uns Erfahrungen.

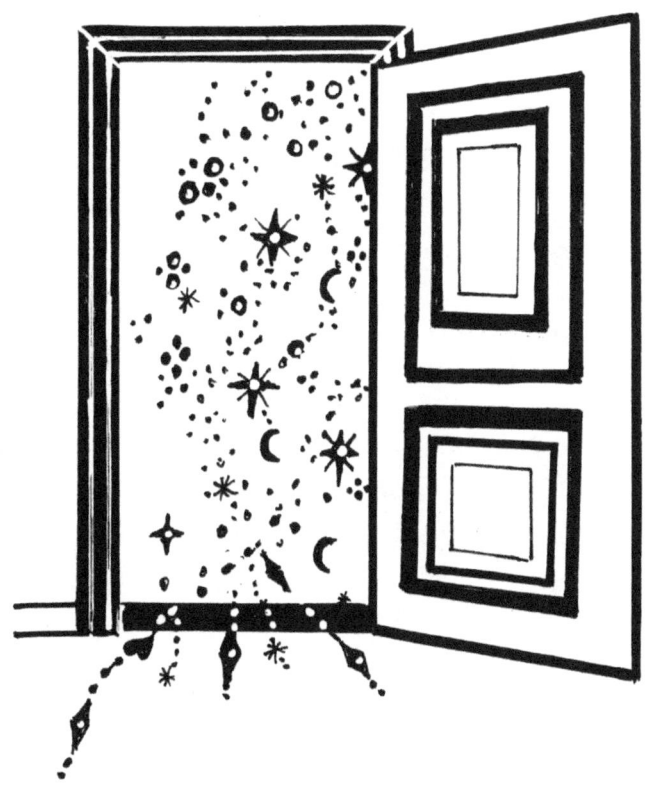

Sie ermöglichen uns
zur Ruhe zu kommen,
bewusst ein- und auszuatmen
und unserer Innenwelt zu lauschen.

Jede Tür ist ein Geschenk.
Jede Tür ist einzigartig
und nur für uns bestimmt.
Jede Tür beinhaltet eine Veränderung.

Es sind Lebenstüren,
die uns im Ozean der Lebendigkeit
Anker schenken.

Sie laden uns ein,
bei und mit uns zu sein.

Jede Tür öffnet uns
einen Raum zu uns selbst.
Jede Tür ist eine Einladung zum Leben.

Schlüssel

Was, wenn der Schlüssel
zu deiner Seele
in deiner Traurigkeit liegt?
Was, wenn der Schlüssel
zu deiner Freude
in deiner Müdigkeit liegt?
Was, wenn der Schlüssel
zu deinem Feuer
in deiner Angst liegt?
Was, wenn der Schlüssel
zu deiner Energie
in deiner Sehnsucht liegt?
Was, wenn der Schlüssel
zu deinem Mut
in deinem Körper liegt?

Was wäre,
wenn du diese Schlüssel findest?

Was wäre möglich,
wenn du sie nutzt?

Echtsein

Lass uns ehrlich sein.
Zu uns und den anderen.

Lass uns berührbar sein.
Für uns und die anderen.

Lass uns aufmerksam sein.
Mit uns und den anderen.

Lass uns offen sein.
Für uns und die anderen.

Lass uns zart sein.
Mit uns und den anderen.

Lass uns milde sein.
Mit uns und den anderen.

Lass uns wild sein.
Für uns und die anderen.

Lass uns verbunden sein.
Mit uns und den anderen.

Lass uns mutig sein.
Für uns und die anderen.

Lass uns liebevoll sein.
Mit uns und den anderen.

Lass uns glücklich sein.
Mit uns und den anderen.

Lass uns verspielt sein.
Für uns und die anderen.

Lass uns neugierig sein.
Auf uns und die anderen.

Lass uns ganz und gar echt sein.

Das wünsche ich mir.
Für uns.

Botschaft der Olive

Die Olive spricht:
Komm Liebes, komm.
Lehne dich an.
Ich halte dich.
Ich gebe dir Raum.

Meine Wurzeln
sind deine Wurzeln.
Mein Leib ist dein Leib.
Meine Kraft ist deine Kraft.

Ich wurzele tief.
Bin gewachsen.
Aus der Erde heraus
dem Himmel entgegen.
Still beobachte ich die Welt.

Vögel sitzen auf meinen Armen.
Sie genießen den Schutz, den ich biete.
Der Wind küsst warm meine Blätter und
lässt sie freudig tanzen. Eine Ziege döst
in meinem Schatten. Ein Mensch steht
staunend vor mir und streichelt zart über
meinen Leib. Großmutter Sonne liebkost
meine Krone und wärmt mich.

Meine Wurzeln wachsen breit
und kraftvoll in Mutter Erde hinein.

Sie hält mich.

Ich bin da.
Still. Verbunden. Beständig.

Ich bin Baum.
Ich bin Mama Olive.

Kreta, Heilige Schlucht

Erdenfrau

Komm Liebes,
höre ich sie rufen.
Komm, setze dich zu mir.

Ich setze mich zu ihrer Rechten und frage
sie: Was gibt es jetzt für mich zu sehen?

Sie spricht: Schau dir die Bäume in ihrer
Fülle und Größe an. Sieh das Alte und das
Neue, wie es sich ganz natürlich vereint.
Es wächst zusammen. Du siehst das
Sterben und das Leben in der Natur.
Es ist ein natürlicher Ablauf. Schau auf die
Zartheit der Pusteblume und staune über
ihre Transformation, die Leichtigkeit schenkt
und die ihre Samen mit dem Wind verteilt.
Siehst du, wie alles miteinander verwoben
ist? Siehst du die Schönheit in Allem?
Siehst du die Vollkommenheit?

Ich sehe.
Ich atme tief ein und wieder aus.

Ich setze mich zu ihrer Linken und frage sie:
Was gibt es jetzt für mich zu fühlen?

Sie spricht: Fühle, wie weit du schon gegangen bist. Welche Schätze sind dir auf deinem Weg begegnet? Was hat dich wachsen lassen? Was hat dich wieder aufstehen lassen, nachdem du gefallen bist? Was hat dein Herz tief berührt?

Der Wind streichelt meine Haut. Die Sonne lacht mir ins Gesicht. Die Bäume raunen mir zu. Der Boden trägt mich.

Ich fühle.
Ich atme tief ein und wieder aus.

Ich setze mich hinter sie und frage sie: Was gibt es jetzt für mich zu erinnern?

Sie spricht: Erinnere deine Menschlichkeit. Tanze mit dem Himmel. Verströme dich mit dem Wind. Lache mit dem Regen. Verwebe dich mit den Pflanzen. Streichele die Schatten. Dehne dich in alle Himmelsrichtungen aus. Leuchte mit der Mondin. Feiere, dass du bist.

Ich erinnere mich.
Ich atme tief ein und wieder aus.

Ich setze mich vor sie und frage sie:
Wohin führt mich mein Weg?

Sie antwortet: Sei im Moment.
Setze jeden Schritt achtsam und bewusst.
Dein Weg führt dich nach Hause.
Tiefer und immer noch tiefer zu dir hin.
In dein Inneres. In deine Unendlichkeit.
In deine Seelenkraft. Jeder Atemzug
bewegt dich. Fein, liebevoll und behütet.

Ich bin.
Ich atme tief ein und wieder aus.

Die Zeit steht still
und ich mit ihr.

Nach einer kleinen Weile stelle ich mich
auf meine Füße, breite die Arme weit aus,
schließe meine Augen, summe meine
Melodie und drehe mich genüsslich um
mich selbst.

Mein ganzes Sein vibriert. Jede Zelle in mir
feiert. Mein Bewusstsein verbindet sich mit
den Elementen und tanzt durch die Welt.

Ich erinnere mich an mich.
Ich umarme mich
und mit mir die Schöpfung.
Ich bin eins mit allem.

Dankbar verneige ich mich vor
der Erdenfrau und dehne mich
in mein Menschsein aus.

Mein Herz weitet sich.
Ich bin daheim in mir.

Bei Lisas Jurte am Ellenbach

Herz

Mein liebes Herz,
wir kennen uns mein Leben lang. Du
schlägst beständig für mich. Takt um Takt
singst du mein Lied in dieses Leben. Schlag
um Schlag pulst du Lebenselixier durch
meinen Körper. Du dehnst dich weit, wenn
du berührt wirst und ziehst dich zusammen,
wenn mich etwas erschüttert oder ängstigt.

Manchmal kann ich fühlen, dass in dir das
ganze Universum lebendig ist. Dann spüre
ich meine Angebundenheit an das große
Mysterium. Dann spüre ich so viel Liebe –
da du so weit geöffnet bist. Meine Arme
könnten in diesen Momenten die ganze
Welt umarmen und ich mich auflösen in
diesem Liebesfeld.

Mein liebes Herz, ich erinnere mich an
Kummer und Schmerz in dir, wenn ich Ver-
letzendes erlebte. Dann zogst du dich zusammen und das Atmen fiel mir schwer. Es
wurde eng in mir, so als ob etwas in
mir starb.

So sind wir in meinem Leben bereits
einige Male gestorben. Kleine Tode.
Und auch wenn es sich schmerzlich und
endgültig anfühlte, so endete es doch nie.

Mit deiner bedingungslosen Liebe öffnest
du stets deine Tore, um die Liebe wieder
willkommen zu heißen. Du weißt und
erinnerst mich daran, dass nach jedem
Herzensbruch, mein Herz noch weiter
wird für die Liebe.

Selbst wenn es irgendwann so weit sein
sollte und du in physischer Form aufhörst
zu schlagen, so weiß ich heute, dass du in
der Unendlichkeit lebendig bleibst.

Du bist mein Himmelsherz. Du bist mein Tor
zum Leben und auch zum Tod. Du bist die
Verbindung zu allem.

Danke liebes Herz.
Danke für deine Liebe.
Danke Leben.

Lebensspiel

Stelle dir vor, dass dein ganzes Leben hier
auf der Erde ein Spiel ist. Du kennst die
Spielregeln vielleicht noch nicht, vielleicht
gibt es keine festen Regeln. Es beginnt
einfach ab dem Zeitpunkt, an dem du
beschlossen hast, zu inkarnieren.

Vielleicht ist es nicht dein erstes Spiel auf
dieser Erde und möglicherweise hast du
alles vergessen, was du bereits erfahren
hast. Gut so, denn alles darf neu für dich
sein. Du darfst dich und dein Leben
spielend entdecken. Du darfst erfahren,
was es bedeutet, einen Körper zu haben.

Du darfst erfahren, was es bedeutet,
zu fühlen. Du darfst erfahren, was es
bedeutet, verwundet zu werden. Du darfst
erfahren, wie es sich anfühlt zu lieben.
Du darfst erfahren, dass du ein multidimen-
sionales Wesen bist. Du darfst erfahren,
dass du dich selbst halten kannst und dass
du gehalten bist. Du darfst erfahren, dass
andere Menschen dich lieben, so wie du

bist. Du darfst Liebe erfahren und Liebe
sein.

Du darfst deiner Seele Körperlichkeit,
Bewusstsein, Sprache, Musik und
Emotionen schenken. All dies gehört
zum Spiel dazu.

Und wenn es für dich wichtig ist,
erschaffst du Regeln.
Du darfst das.

Du darfst bestimmen, wie dein Spiel
verläuft, bzw. womit und mit wem du
spielen möchtest. Du darfst es beenden,
wenn es dir nicht mehr gefällt. Du darfst
sogar die Regeln ändern oder sie über Bord
werfen. Und du darfst dieses Spiel volle
Kanne genießen. Mit allen Höhen
und Tiefen.

Das Wunderbare ist, dass du die ganze Zeit
nicht weißt, was als nächstes kommt. Du
kannst planen und das Leben geht einen
anderen Weg. Du kannst erfahren, dass

dein Verstand ein Trickster oder ein Narr ist oder einfach nur eine mega laute Stimme in deinem Kopf, welche die abenteuerlichsten Geschichten erzählt. Du kannst spüren und die Welt über deinen Körper und deine Sinne wahrnehmen. Du kannst dieses Gefäß feiern, weil es so voller Liebe für dich da ist.

Du kannst all das.

So kannst du auch Erlebnisse und Herausforderungen spielerisch sehen. Was braucht es jetzt für dein Spiel? Eine Pause, ein „gehe zurück auf Los", ein Reset, ein Überspringen, einen Freudensprung oder ein anderes Tempo?

Du kannst dir oder dem Universum, Gott, deinem höheren Selbst, der geistigen Welt, der Natur oder deinem Körper Fragen stellen, um Erkenntnisse zu sammeln.

Was blockiert dich gerade?
Wozu sind Pausen gut?
Wer bestimmt, wie es weitergeht?
Wen könntest du auf dein Spielfeld einladen?

Spielst du lieber alleine oder in
Gesellschaft?
Wie sieht dein Spielfeld aus?

In deinem Spiel ist alles erlaubt.
Du erlaubst dich.
Wenn das geschieht, wird es lichter,
klarer, vielleicht sogar freudvoller.
Denn dann hast du verstanden,
warum du hier bist.

Du bist hier um zu spielen.
Das ist Leben.
Da ist alles drin.

Schließe jetzt einmal deine Augen.
Atme dreimal tief in dich hinein.
Was empfindest du?
Was hörst du?
Was siehst du?

Kleine Sinn Pause

Bist du bereit zu leben?
Bist du bereit zu spielen?

Himmelserde

Ich schaue in den Himmel und weiß um
dies Geschenk, dass ich hier bin. Auf dieser
Erde. Ich weiß, dass ich gewählt habe hier
zu sein. Jetzt. Genau jetzt.

Und auch wenn es diese Zeiten gibt, die
mich in die Tiefe fallen lassen, so weiß ich
ebenfalls, dass dort Schätze liegen.
Sie zu bergen, ist eine meiner Aufgaben.
Sie zu teilen, ist meine Berufung. Dafür bin
ich hier. Mit ihnen zu berühren, ist meine
Gabe. Tief zu berühren und zu erinnern.
Zu erinnern, an Seele sein im menschlichen
Körper. Beseelt zu sein. Verkörpert zu sein.
Was für ein Geschenk. Diese unglaubliche
Fülle.

Kannst du sie fühlen?

Wir sind reich. Reich an Erfahrungen, an
Möglichkeiten, an Gefühlen, an Augen-
blicken, an Wunden und Wundern. So, so
reich. Leben ist reichhaltig. Dazu gehört
neben dem Himmel eben auch die Tiefe.
Die Dunkelheit. Der Morast. Die Zähigkeit.

Dort, wo es kein Leben zu geben scheint. Dort, wo es weh tut. Dort, wo wir uns getrennt fühlen.

Wenn ich von einer Reise auftauche, dann ruft es mich darüber zu schreiben. Meine Geschichten und meine Poesie sind nicht nur für mich. Sie sind stellvertretend für viele Menschen. Sie spiegeln menschliches Erleben. So bin ich eine Botschafterin. Eine Übersetzerin. Eine Erinnererin. Eine Bewahrerin. Eine Seelenwanderin. Vielleicht auch ein Medium. Eine Mittlerin zwischen den Welten.

Das Schöne ist, dass ich vollkommen menschlich bin. Ich erfahre Angst, Schmerz, Dunkelheit, Ohnmacht und Verzweiflung genauso wie pure Freude, Liebe, Mut, Lebenslust und Genuss.

Ich stehe nicht über den Dingen. Spreche nicht von einer höheren Ebene. Bin ganz mit mir bei dir. Herz an Herz. Hand in Hand.

Bin verbunden mit dir. Bin und bleibe weich und verletzlich.

Das gehört zu mir dazu. Ich bin offen, teile mich mit, bin berührbar. Erfahre, dass es für andere Menschen bereichernd sein kann. Echtheit. Gelebtes Wissen. So ist es mit mir: echt, lebendig und tief. Gerne auch lustig lustvoll. Lachen und Weinen sind für mich Geschwister. Trenne nicht.

Gerade stelle ich mir vor, dass ich heimgehe und meine Erfahrungen mit meiner Seelenfamilie teile. Wahrscheinlich geschieht es sogar genau in dem Moment, in dem ich es erlebe. So kostbar. Pure Fülle. Reichtum.

Und weißt du was? Bei dir ist es genauso. Wir sammeln Schätze. Für alle.
Du bist ein Geschenk.
Kostbar. Einzigartig.

Du bist Himmelserde.
Erinnere dich.

Angekommen

Je weiter ich zu mir reise, desto näher
komme ich dem sensitiven Kind in mir.
Es ist die, die schon als Kleine soviel fühlte.
So vieles wahrnahm und nicht verstand.

Die Kleine, die keine Grenzen spürte und
automatisch mit anderen verschmolz. Die
Kleine, die nicht wusste, dass es oft nicht
ihre eigenen Gefühle waren. Die Kleine, die
aus Überforderung wählte, in den Kopf zu
gehen um sich dort zu verstecken.

Dort gibt es diesen kleinen Holzverschlag.
Wie auf einem sehr alten Dachboden. Alles
knarzt und ächzt, doch hier ist es leiser als
mittendrin zu sein. Hier ist es sicherer. Hier
gibt es Kisten und Schachteln, Schränke
mit kleinen Schubladen, in die man alle
Eindrücke und Erfahrungen sortieren kann.
Gut abgelegt.

Es ist ein Ort der Ordnung inmitten des
Chaos. Hier entwickeln sich Strategien und
Anleitungen für ein Leben da draußen.
Hier ist die Welt in einer Ordnung.

Dadurch wird die Welt sicherer für die Kleine. Sie lernt schnell, Gefühle in Boxen zu sammeln. Diese Vorgehensweise verhindert, dass sie zu groß werden.

Seitdem sie das gelernt hat, fällt es ihr leichter in dieser lauten Welt zu leben. In dieser Kammer kann sie atmen. Hier kann sie sich selbst spüren. Oft schläft sie an diesem Ort ein. Dann hört sie die vielen Stimmen nicht mehr, die auf sie einreden.

Die Erwachsene in mir lernt, dass viele Eindrücke und Gefühle, die sie durchlebt, in vielen Fällen nicht zu ihr gehören.

Sie versteht. Das ist so wesentlich. Sie lernt zu unterscheiden. Nicht immer, da es gar nicht leicht ist. Doch sie ist auf einem guten Weg.

So erkennt sie auch, dass sie das emotionale Empfinden anderer Menschen ausdrücken kann. Es ist eine Gabe. Es ist ihr gegeben.

So lässt sie zu, wenn Gefühle aufsteigen, sich Tränen lösen, sich Worte formen oder eine Berührung entstehen will. Sie erfährt, dass sie niemals zu empfindlich oder zu zart war. Sie erfährt, dass genau dies eine Superkraft ist.

Und sie weiß, dass Herz und Kopf in eine Einheit wachsen. Es geht nicht darum, etwas weg machen zu wollen. Es geht darum, es zu verbinden. Zu integrieren. Das führt zu Frieden in ihr.

DANKE, liebes Leben.
Danke, für mich und meinen Weg.
Danke, dass ich dienlich sein kann.

Was, wenn das wahre Ziel
im Leben du selbst bist?

Alexandra Thoese

Was ich liebe

Schreibend kleide ich Gefühle und Erfahrungen in Worte. Mit meiner Poesie, meinen Geschichten und individuellen Soulremindern berühre und erinnere ich Menschen an Seele Sein.

Feinfühlig begleite ich Menschen herzensnah, humorvoll und intuitiv auf ihrer einzigartigen Reise.

www.alexandrathoese.de

Einladung

Zum Ende dieses Buches möchte ich dich einladen, mit mir in Kontakt zu kommen.

Lass mich gerne wissen, wie die Seelenpoesie auf dich wirkt. Welche Texte berühren dich besonders? Ich freue mich immer sehr über Rückmeldungen.

Vielleicht nutzt du die Texte in Kreisen oder Seminaren. Vielleicht inspirieren dich meine Worte zum Schreiben eigener Poesie oder Texte. Vielleicht machen Sie dir Mut, dich mit allem, was dich ausmacht, zu zeigen.

Fühl dich eingeladen dich mizuteilen. Wenn wir in Verbindung gehen, erweitert sich das Feld für Transformation und Heilung.

Lass uns gemeinsam an einer neuen Erde weben und wirken.

Deine Alexandra

Hier findest du mich

www.alexandrathoese.de
info@alexandrathoese.de

Instagram:
www.instagram.com/
alexandra.thoese_seelenpoesie

Facebook:
www.facebook.com/
alexandra.thoese
www.facebook.com/
seelenpoesie.alexandrathoese

Lebendige Poesie:
YouTube:
www.youtube.com/@alexandrathoese

Anhang

Stimmen zur Seelenpoesie

Wie ein Stein, der in einen See fällt und sanfte, weite Kreise zieht, so magisch entfalten sich auch Alexandras Worte beim Lesen, zeichnen Bilder und laden zum Lauschen, Fühlen und Erinnern ein. Sie öffnen in uns verborgene Türen und führen zu den Stellen, die auch bei uns nach Aufmerksamkeit und Heilung rufen.
Zart, sanft und tiefgründig. Herzerwärmend schöne Seelenpoesie, die berührt und uns bei unserer eigenen Seelenreise liebevoll begleitet. *Heike*

Auch mit dem vierten Band ihrer Seelen poesie berührt mich Alexandra immer wieder aufs Neue mit ihren Texten. Ich lese sie mit Genuss, Stück für Stück, spürend, nachhallend, nochmal darauf zurück kommend. Warm, lebendig, tiefgründig und in tanzender Leichtigkeit. Wer heilsamen Seelenbalsam sucht, ein liebevolles Geschenk für sich oder andere wird hier fündig werden. *Alexandra*

Mein Herz schmilzt dahin, meine Seele fühlt zutiefst mit. Danke an Alexandra für diese berührenden und heilsamen Seelen-Worte. *Dragonheart*

In diesem Buch ist soviel Liebe drin. Die Zeilen haben hat mich von der ersten Seite an in die Tiefe meiner Seele eintauchen lassen. Eine Poesie, die mich zutiefst berührt. Immer wieder lese ich darin und bin begeistert, welche Magie in diesen Zeilen steckt. *Ulrike*

Ich habe deine Prosa Erdenfrau heute in meiner Yogastunde mit 20 wundervollen Yoginis geteilt. Danke von tiefsten Herzen für deine Poesie – sie trifft bei mir immer genau ins Herz und ist so wertvoll für die Welt. *Kathrin*

Stimmen zum Buch:
»Von Abenteuerreisen und Gefühlsgefährten«

Dieses Buch fasziniert nicht nur mit seinen
zauberhaften Bildern, sondern auch mit
den behutsam gewählten Worten der
Autorin. Schriit für Schritt erkundet man
seine Gefühle, und kann sie ALLE immer
mehr zulassen. Vor allem auch die Wut, wo
sich manch spiritueller Mensch vielleicht
„schwer" tut, sie anzunehmen. Denn auch
sie gehört (gesund ausgelebt) dazu.
Herzensdank an die Autorin und die Künst-
lerin. Sehr zu empfehlen! *Dragonheart*

Dieses Buch zeigt so wunderbar, dass
Bandbreite gefühlt werden möchte.
Wirklich märchenhafte Bilder geleitet von
sanften Herzensworten berühren in diesen
Geschichten die Herzen, ermöglichen innere
Bewegungen. Danke für dieses heilende
Buch. *Bianca*

Weitere Bücher der Autorin

Seelenposie -
Worte, die das Herz berühren
978-3-347-04123-3 Paperback
978-3-347-04124-0 Hardcover

»Ich erfahre die Welt fühlend und übersetze dies
in Bilder aus Worten.« Alexandra Thoese

Seelenpoesie -
Heilsames aus dem Herzen
978-3-347-20396-9 Paperback
978-3-347-20397-6 Hardcover

»Alexandras Poesie stammt aus dem Herzen. Sie ist
unmittelbar. Erlebt. Durchlebt. Ich fühle mich erkannt
und in meinem Innersten verstanden, getragen und
angenommen.« Eckhard Neuhoff

Seelenposie -
Herzensnah und Seelenwarm
978-3-347-48137-4 Paperback
978-3-347-48139-8 Hardcover

»Alexandra schafft es mit ihren Worten zu komponieren.
Aus der Verbindung weniger Worte, berührende Poesie
entstehen zu lassen.« Simone Erdenkind

Seelenposie -
Herzensnah und Seelenwarm
978-3-347-91828-3 Paperback
978-3-347-91829-0 Hardcover

»Mit ihrer Seelenpoesie teilt sie tiefe Empfindungen ihrer
Seele auf eine Weise, die dadurch direkt von Seele zu Seele
spricht und die gleichsam dazu einlädt auf seine eigene
Innenweltreise zu gehen.« Jennie Appel

»Alexandra webt mit ihren Worten seidenweiche Tücher, in die man sein Herz und sein ganzes Sein hüllen möchte. Sie berührt meine Seele und schreibt Bilder, die ich einfach in Farbe und Form getaucht habe.« Erdenkind Simone

Der Himmel auf Erden ist in dir.

Alexandra Thoese

Zeitfracht Medien GmbH
Ferdinand-Jühlke-Straße 7
99095 Erfurt, Deutschland
produktsicherheit@kolibri360.de